El Juego del Dinero Estrategias para Ganar y Prosperar

Tabla de Contenidos

El Juego del Dinero: Estrategias para Ganar y Prosperar

Prólogo

Una reflexión personal sobre el dinero, el crecimiento y el propósito.

Parte I: Comprender el Juego

1. ¿Qué es el juego del dinero?
    o La realidad del sistema económico actual
    o Mentalidad de escasez vs. mentalidad de abundancia
2. La relación emocional con el dinero
    o Cómo influye tu pasado financiero
    o Identificando creencias limitantes
3. Educación financiera básica que todos deberían saber
    o Ingresos, gastos, activos y pasivos
    o El flujo de dinero y su importancia

Parte II: Estrategias para Ganar

4. Generar múltiples fuentes de ingreso
   - Empleo, emprendimiento, inversiones y economía digital
5. Cómo administrar tu dinero como un experto
   - Presupuesto inteligente
   - Regla 50/30/20 y otros métodos prácticos
6. Salir de deudas sin perder la cabeza
   - Métodos bola de nieve y avalancha
   - Hábitos que generan deudas y cómo romperlos
7. Invertir para crecer, no solo para ahorrar
   - Inversión a corto, mediano y largo plazo
   - Riesgo vs. recompensa

Parte III: Jugar para Prosperar

8. Construir riqueza paso a paso
   - La magia del interés compuesto
   - Cómo y cuándo automatizar tus finanzas
9. La mentalidad del jugador ganador
   - Disciplina, paciencia y visión a largo plazo
   - Cómo tomar decisiones financieras inteligentes
10. El poder del emprendimiento consciente

- Emprender con propósito
- Fallos comunes y cómo evitarlos

Parte IV: Más Allá del Dinero

11. Prosperidad no es solo dinero

- Tiempo, relaciones, salud y libertad
- ¿Qué significa realmente "vivir bien"?

12. Legado financiero: construyendo para el futuro

- Herencia, educación financiera para tus hijos
- Hacer del dinero una herramienta de impacto

Conclusión

Sí, se puede: tu camino hacia una vida próspera y libre.

Apéndice A: Lecturas recomendadas y recursos útiles

Apéndice B: Plantillas para presupuestos y metas financieras

Prólogo

Una partida que todos jugamos, pero pocos entienden

Desde pequeños, escuchamos frases como "el dinero no crece en los árboles" o "el dinero no lo es todo en la vida". Y aunque muchas de esas frases tienen algo de verdad, también han sembrado en nosotros una idea equivocada: que hablar de dinero es malo, que querer tener más es egoísta, o que sólo los ricos tienen acceso a la prosperidad.

Pero ¿y si te dijera que el dinero no es el enemigo? ¿Que más bien es una herramienta, un recurso, un lenguaje que todos podemos aprender a hablar? El problema no es el dinero; es no entender cómo funciona el juego.

Es como si nos hubieran lanzado a una partida sin decirnos las reglas. Nos esforzamos, trabajamos duro, cumplimos con nuestras responsabilidades… pero aún así sentimos que no avanzamos. Y lo peor: sentimos culpa por querer más, o miedo por perder lo poco que tenemos.

Este libro nace de la necesidad de cambiar esa historia. No pretendo darte fórmulas mágicas ni prometerte riquezas de la noche a la mañana. Pero sí quiero entregarte herramientas reales, estrategias prácticas y, sobre todo, una nueva manera de ver el dinero: como un juego que puedes aprender a jugar, dominar y disfrutar.

A lo largo de estas páginas, te invito a reflexionar, cuestionar y tomar acción. Porque sí, tú puedes ganar. Y no se trata solo de dinero, sino de construir una vida en la que puedas prosperar, ayudar a otros y vivir con libertad.

Así que bienvenido. Este no es solo un libro: es tu nueva guía para empezar a jugar en serio.

Capítulo 1: ¿Qué es el juego del dinero?

Aprende las reglas para dejar de perder sin saber por qué

Vivimos dentro de un sistema que gira alrededor del dinero. Desde que nos levantamos hasta que nos acostamos, tomamos decisiones relacionadas con él: qué comemos, cómo nos transportamos, dónde vivimos, qué ropa usamos, qué hacemos en nuestro tiempo libre. Todo tiene un precio. Y sin embargo, la mayoría de las personas nunca aprendió cómo funciona realmente el dinero.

¿Por qué? Porque nadie nos lo enseñó. En la escuela aprendemos matemáticas, historia y literatura, pero rara vez se habla de educación financiera. En casa, muchas veces nuestros padres hicieron lo mejor que pudieron, pero ellos tampoco sabían mucho más. Y así crecemos con una idea difusa de lo que es el dinero: lo ganamos, lo gastamos, lo necesitamos… pero no lo entendemos.

El dinero como juego

Imagina que estás en medio de una partida de ajedrez, pero no conoces las reglas. No sabes cómo se mueven las piezas, ni cómo se gana. Lo más probable es que pierdas. No porque seas tonto o incapaz, sino porque estás jugando a ciegas.

Con el dinero pasa lo mismo. La economía tiene reglas. El sistema financiero tiene lógica. Las decisiones que tomamos, conscientes o no, tienen consecuencias. Y solo cuando entiendes las reglas del juego, puedes empezar a jugar para ganar.

El juego tiene jugadores... y estrategias

En este juego, todos jugamos. Desde la persona que trabaja por un salario mínimo hasta el empresario multimillonario. Lo que cambia es la estrategia que usa cada uno.

Hay quienes juegan de forma pasiva: ganan dinero, lo gastan, y repiten ese ciclo mes tras mes. Hay otros que aprenden a jugar activamente: invierten, ahorran con propósito, crean negocios, protegen su patrimonio. La diferencia está en la mentalidad y en el conocimiento.

Mentalidad de escasez vs. mentalidad de abundancia

Aquí entra un concepto fundamental: tu mentalidad. Muchas personas crecen con una mentalidad de escasez, creyendo que el dinero es limitado, que si uno gana, otro pierde, o que tener mucho dinero es malo. Esta visión limita tus decisiones y sabotea tu crecimiento.

La mentalidad de abundancia, en cambio, entiende que el dinero se puede crear, que hay oportunidades para todos, y que mereces vivir bien. No se trata de pensar en millones mágicamente, sino de abrir tu mente a la posibilidad de mejorar y crecer.

Tú también puedes ganar

La buena noticia es que cualquiera puede aprender a jugar este juego. No importa tu punto de partida. Puedes estar endeudado, ganando poco, o sintiendo que nunca vas a salir adelante… y aún así comenzar un cambio. No necesitas ser un genio ni tener un golpe de suerte. Solo necesitas entender las reglas, aplicar estrategias y tener paciencia.

El primer paso es aceptar que sí estás jugando, te guste o no. Y si vas a jugar, ¿por qué no hacerlo bien?

Capítulo 2: La relación emocional con el dinero

Lo que sientes define lo que ganas (y cómo lo usas)

Hablar de dinero no es solo hablar de cifras, billetes o cuentas bancarias. Es hablar de emociones. Sí, emociones. Porque aunque parezca algo frío y racional, el dinero está profundamente conectado con nuestros miedos, creencias, deseos, inseguridades y experiencias del pasado.

Quizás nunca lo pensaste así, pero tu relación con el dinero es como una relación amorosa: puede ser sana, caótica, distante, dependiente o incluso tóxica. Y esa relación emocional influye en cómo ganas, gastas, ahorras o evitas el dinero.

El origen de tu relación financiera

Piensa por un momento:

- ¿Qué escuchabas sobre el dinero cuando eras niño?
- ¿Qué viste hacer a tus padres o cuidadores con él?
- ¿Te enseñaron que el dinero era difícil de conseguir?
- ¿O que solo lo tienen los que "hacen trampa"?

Muchos de nuestros comportamientos actuales nacen de esas experiencias tempranas. Si viste a tus padres sufrir por deudas, es posible que ahora tengas miedo de gastar. Si creciste escuchando que "los ricos son malos", puede que sabotees tu propio crecimiento financiero sin darte cuenta.

Creencias limitantes: el enemigo silencioso

Las creencias limitantes son ideas que asumimos como verdades, pero que en realidad nos frenan. Algunas comunes son:

- "Nunca tendré suficiente dinero"
- "No soy bueno con las finanzas"
- "El dinero cambia a las personas"
- "Si tengo más, otros tendrán menos"
- "No nací para ser rico"

Estas frases, repetidas una y otra vez, se convierten en autosabotaje. Te hacen tomar decisiones que te mantienen en el mismo lugar: gastar sin pensar, evitar aprender, endeudarte, no cobrar lo justo, postergar inversiones, etc.

Cambiar tu relación: del miedo al respeto

No se trata de obsesionarte con el dinero, sino de cambiar la forma en la que lo ves y lo sientes. Aquí van algunos pasos sencillos para empezar:

1. Reconoce tus emociones: ¿Qué sientes cuando piensas en dinero? ¿Ansiedad, culpa, frustración? Identificarlo es el primer paso.

2. Reescribe tu historia: Lo que viviste no define lo que puedes vivir. Puedes elegir una nueva relación con el dinero.
3. Agradece lo que tienes: La gratitud cambia tu energía y te pone en sintonía con la abundancia.
4. Habla del dinero sin vergüenza: Rompe el tabú. Hablar con honestidad te ayuda a aprender y crecer.
5. Empieza pequeño, pero empieza: Ahorrar una pequeña cantidad, organizar tus gastos, leer un libro de finanzas. Cada acción cuenta.

El dinero como aliado, no como enemigo

El dinero no es bueno ni malo. Solo potencia lo que ya está en ti. Si eres generoso, tendrás más para dar. Si eres ambicioso, tendrás más para crear. Si eres responsable, tendrás más para cuidar.

Tu relación con el dinero define tu futuro. Sanarla es un acto de amor propio, porque te permite vivir con menos miedo, más libertad y mayor poder de elección.

Capítulo 3: Educación financiera básica que todos deberían saber

Entiende las reglas para dejar de sobrevivir y empezar a prosperar

La educación financiera no es un lujo, es una necesidad. Sin ella, las personas quedan atrapadas en un ciclo constante de trabajar, pagar cuentas y volver a empezar. Con ella, puedes tomar decisiones inteligentes, construir seguridad y crear oportunidades.

Lamentablemente, la mayoría de las personas jamás recibe esta educación. Por eso, este capítulo está dedicado a lo esencial: lo básico que todos, sin importar su edad, nivel educativo o situación económica, deberían saber sobre el dinero.

1. Ingresos, gastos, activos y pasivos: el lenguaje del dinero

Para empezar, debes conocer cuatro conceptos clave:

- Ingreso: Todo el dinero que entra en tu vida (salario, ventas, rentas, etc.).
- Gasto: Todo lo que sale (comida, transporte, facturas, etc.).
- Activo: Algo que pone dinero en tu bolsillo (una propiedad que alquilas, una inversión que genera ingresos).
- Pasivo: Algo que saca dinero de tu bolsillo (una deuda, un auto que solo genera gastos).

Regla de oro: La gente rica compra activos. La gente endeudada compra pasivos pensando que son activos.

Ejemplo: Comprar una casa para vivir en ella no es un activo, porque no te genera ingresos, aunque aumente de valor. Comprar una casa para alquilar sí lo es.

2. El flujo de dinero: la clave para salir adelante

Visualiza tu dinero como un río: entra por un lado (ingresos) y sale por otro (gastos).

El objetivo es controlar ese flujo, no que se te escape todo al final del mes.

Hazte estas preguntas:

- ¿En qué se va realmente tu dinero?
- ¿Tus ingresos crecen con el tiempo o están estancados?
- ¿Tienes un colchón para emergencias?

Empieza a ver el dinero como una herramienta para avanzar, no solo para sobrevivir. El control del flujo de efectivo es más importante que la cantidad que ganas.

3. Presupuesto: tu mapa financiero

Un presupuesto no es una prisión, es un plan de libertad. Te permite decidir a dónde va tu dinero antes de que desaparezca.

Un método simple es el 50/30/20:

- 50%: Necesidades básicas (vivienda, comida, transporte)
- 30%: Deseos y estilo de vida (salidas, ropa, entretenimiento)
- 20%: Ahorro, inversión y pago de deudas

No necesitas una hoja de cálculo complicada. Solo claridad y compromiso.

4. Deuda: útil o destructiva

No toda deuda es mala. Hay deuda buena (como una inversión que te da retorno) y deuda mala (consumismo con tarjeta de crédito sin control).

La clave está en entender el costo del dinero prestado: los intereses.

Cada vez que pagas interés, estás trabajando para otro. Cada vez que lo cobras, haces que el dinero trabaje para ti.

5. Ahorro vs. inversión: ¿cuál es la diferencia?

- Ahorrar es guardar dinero. Es necesario para emergencias o metas a corto plazo.
- Invertir es poner el dinero a trabajar para que crezca. Es clave para el largo plazo.

El error común es querer ahorrar para todo. Pero con la inflación, el dinero guardado pierde valor. Necesitas invertir para generar riqueza real.

Conclusión: lo simple también es poderoso

No necesitas ser economista para manejar bien tu dinero. Solo necesitas entender estas reglas básicas y aplicarlas con disciplina. Lo difícil no es saberlo, es tener el valor de actuar diferente.

En el próximo capítulo, aprenderás cómo generar múltiples fuentes de ingreso, una de las estrategias más importantes para ganar en el juego del dinero.

Capítulo 4: Generar múltiples fuentes de ingreso

No pongas todos tus sueños en un solo salario

Una de las lecciones más importantes en el juego del dinero es esta: depender de una sola fuente de ingresos es jugar en desventaja. Si solo cuentas con tu sueldo o con una entrada fija, cualquier imprevisto —una enfermedad, una pérdida de empleo, una crisis económica— puede desestabilizar toda tu vida.

Las personas financieramente libres no dependen de un solo flujo de dinero. Tienen varios. Diversifican. Se protegen. Y tú también puedes hacerlo, aunque hoy estés comenzando desde cero.

¿Qué es una fuente de ingreso?

Es cualquier manera de hacer que el dinero entre a tu vida. No solo hablamos de empleo. Hay muchas formas de generar ingresos, y muchas no requieren presencia física constante.

Veamos algunas:

1. Ingreso activo

Es el ingreso que obtienes a cambio de tu tiempo y esfuerzo.

Ejemplos:

- Empleo tradicional
- Freelance (trabajos por encargo)
- Negocio físico donde tú estás presente

Ventaja: Es directo y predecible.

Desventaja: Si no trabajas, no ganas. Estás cambiando tiempo por dinero.

2. Ingreso pasivo

Es dinero que sigue entrando aunque no estés trabajando constantemente.

Ejemplos:

- Renta de una propiedad
- Regalías por libros, música, cursos
- Inversiones (acciones, bonos, dividendos)
- Monetización en plataformas digitales (YouTube, blogs, apps)

Ventaja: Escalable y sostenible a largo plazo.

Desventaja: Requiere tiempo o dinero al principio.

3. Ingreso residual

Relacionado al pasivo, pero más enfocado en sistemas que siguen generando dinero con poco o ningún esfuerzo continuo.

Ejemplos:

- Redes de mercadeo bien estructuradas
- Programas de afiliados
- Automatización de negocios digitales

4. Ingresos por autoempleo

Cuando tú eres tu propio jefe.

Ejemplos:

- Consultoría
- Venta de productos o servicios
- Creación de contenido digital

Atención: No todo autoempleo es libertad. Si tú no estás, ¿el negocio sigue funcionando?

¿Cómo empiezo si solo tengo una fuente de ingreso?

1. Haz un inventario de tus talentos y conocimientos

   ¿Qué sabes hacer que otros podrían necesitar? Escribir, cocinar, reparar, enseñar, entretener…

2. Comienza un proyecto paralelo

No renuncies aún. Empieza en tus horas libres. La constancia vale más que la intensidad momentánea.

3. Explora el mundo digital

   Internet ha roto las barreras geográficas. Puedes ganar desde casa si sabes cómo.

4. Invierte lo que puedas, aunque sea poco

   No esperes tener mucho para empezar. Empieza para tener mucho.

El objetivo es la libertad, no solo el dinero

Tener múltiples fuentes de ingreso no es solo para ganar más, sino para vivir con más tranquilidad. Es saber que, si una puerta se cierra, tienes otras abiertas.

El dinero no te hace libre. Las decisiones que tomas con él, sí.

Capítulo 5: Cómo administrar tu dinero como un experto

No es cuánto ganas, sino cómo lo manejas

Ganar dinero es importante, pero administrarlo bien lo es aún más. De nada sirve tener múltiples fuentes de ingreso si el dinero se va tan rápido como llega. La buena administración financiera no se trata de ser tacaño, sino de ser consciente, estratégico y disciplinado.

Piensa en el dinero como una herramienta: si no lo sabes usar, puedes perderlo o incluso lastimarte con él. Pero si aprendes a manejarlo, te construye una vida mejor.

1. La regla de oro: vive por debajo de tus posibilidades

Este es el principio más poderoso y, al mismo tiempo, el más ignorado. Muchas personas aumentan sus ingresos y, en lugar de ahorrar o invertir, aumentan sus gastos. Compran más cosas, se endeudan, aparentan una vida que no pueden sostener.

Vivir por debajo de tus posibilidades no significa privarte de todo, sino gastar menos de lo que ganas y dejar espacio para el ahorro, la inversión y el crecimiento.

2. El presupuesto inteligente: da órdenes a tu dinero

Un experto no deja que el dinero lo maneje, él le dice a su dinero a dónde ir. Un presupuesto es eso: un plan de acción.

Puedes usar esta estrategia simple:

- 70%: Gastos esenciales y estilo de vida
- 20%: Ahorro e inversión
- 10%: Donaciones o educación personal

Ajusta estos porcentajes según tu realidad, pero ten un sistema. Si no controlas tu dinero, él te controlará a ti.

3. El fondo de emergencia: tu salvavidas financiero

Todo experto en finanzas tiene un fondo de emergencia. Es dinero reservado para imprevistos: enfermedad, desempleo, una reparación urgente…

Regla general: ahorra entre 3 y 6 meses de tus gastos básicos.

Este fondo no se toca para vacaciones ni caprichos. Es tu red de seguridad. Si no tienes uno, el próximo problema puede convertirse en una crisis.

4. Automatiza tu dinero

La automatización es una de las formas más efectivas de administrar sin estrés:

- Programa transferencias automáticas a tu ahorro cada vez que cobres.
- Paga tus cuentas con débito automático para evitar cargos por demora.
- Usa aplicaciones o herramientas digitales para registrar tus gastos y ver tus progresos.

Cuando automatizas lo importante, eliminas la tentación y reduces errores por olvido.

5. Elimina gastos innecesarios (sin dejar de disfrutar)

No se trata de vivir con culpa, sino con conciencia. Haz una revisión honesta:

- ¿Cuánto gastas en cosas que ni recuerdas al final del mes?
- ¿Qué puedes reducir sin sacrificar calidad de vida?
- ¿Hay suscripciones que no usas, comidas fuera que podrías preparar en casa, hábitos caros que no aportan nada?

El dinero que ahorres puede ayudarte a salir de deudas, invertir o lograr metas reales.

6. Revisa tus finanzas cada mes

Una persona que administra bien su dinero no le tiene miedo a los números. Al contrario, los usa a su favor.

Tómate una hora al mes para:

- Ver en qué gastaste
- Cuánto ahorraste
- Qué podrías mejorar
- Cómo van tus metas

La gestión consciente crea progreso real.

Conclusión: el control es libertad

Administrar bien tu dinero no es complicado, pero sí requiere compromiso. No se trata de perfección, sino de mejora continua. Cada peso que administras bien, es un paso hacia tu libertad.

Capítulo 6: Cómo crear tu plan de libertad financiera

Diseña tu camino hacia una vida sin preocupaciones económicas

La libertad financiera no es solo para millonarios. Es para cualquier persona que esté dispuesta a tomar decisiones valientes, disciplinadas y conscientes con su dinero. Se trata de tener el control total de tus finanzas, sin depender de un solo ingreso, sin vivir con miedo a los imprevistos y, sobre todo, sin trabajar toda tu vida por obligación.

En este capítulo no hablaremos de sueños abstractos, sino de un plan concreto, con pasos claros y alcanzables. Porque el dinero debe estar al servicio de tu vida, no tu vida al servicio del dinero.

1. Define qué significa libertad financiera para ti

Para algunos, puede ser retirarse a los 50. Para otros, trabajar solo en lo que aman, sin preocuparse por las cuentas. Tal vez para ti sea vivir sin deudas y con lo suficiente para cuidar de los tuyos.

Pregúntate:

- ¿Qué estilo de vida deseo tener a corto, mediano y largo plazo?
- ¿Cuánto dinero necesito al mes para vivirlo sin estrés?
- ¿Qué me haría sentir libre financieramente?

Tener claridad te da dirección.

2. Establece metas financieras claras

Divide tu camino en etapas concretas, como:

- Salir de deudas
- Crear un fondo de emergencia
- Generar ingresos pasivos
- Ahorrar para una inversión grande
- Lograr ingresos que cubran el 100% de tus gastos sin depender de un empleo

Cada meta debe ser medible, alcanzable y con fecha límite. No basta decir "quiero ahorrar", sino "quiero ahorrar $5,000 en 12 meses, guardando $417 al mes".

3. Crea un plan de acción mensual

Un plan de libertad financiera no se construye con deseos, sino con hábitos repetidos todos los días.

Haz una lista mensual con estas acciones:

- ¿Cuánto ahorrarás e invertirás?
- ¿Qué fuente de ingreso extra desarrollarás?
- ¿Qué gasto vas a eliminar o reducir?
- ¿Qué educación financiera vas a incorporar este mes?

Puedes usar una hoja de cálculo, una libreta o una app. Lo importante es que lo veas y lo revises cada mes.

4. Construye tus fuentes de ingreso pasivo

La libertad financiera se alcanza cuando el dinero trabaja para ti, incluso mientras duermes.

Empieza a desarrollar ingresos que no dependan de tu tiempo directamente, como:

- Inversiones (acciones, fondos, criptomonedas con conocimiento)
- Propiedades en renta
- Cursos o libros digitales
- Programas de afiliados
- Negocios digitales automatizados

No necesitas tenerlo todo mañana, pero sí comenzar hoy.

5. Mide tu progreso con el Índice de Libertad Financiera

Este índice indica qué porcentaje de tus gastos mensuales están cubiertos por ingresos pasivos.

Ejemplo:

- Gasto mensual: $1,000
- Ingreso pasivo: $400
- Tu libertad financiera actual: 40%

Meta final: 100%

Cuando tus ingresos pasivos cubren el 100% de tus gastos, eres libre financieramente. Trabajar se vuelve una opción, no una obligación.

6. Rodéate de información y personas que te impulsen

La mentalidad es el motor. Rodéate de libros, podcasts, videos y personas que hablen de crecimiento, inversión y libertad. Lo que escuchas y ves todos los días moldea tu pensamiento. Y tu pensamiento crea tus resultados.

Conclusión: planear es empezar a lograr

Crear tu plan de libertad financiera es el paso más poderoso que puedes dar hacia una vida plena. No importa tu situación actual. Todos empezamos en algún punto. Lo importante es tomar el control y avanzar cada día con intención.

Capítulo 7: Inversión inteligente para principiantes

Haz que tu dinero crezca, incluso mientras duermes

Invertir no es solo para los ricos o expertos en finanzas. Es para cualquier persona con un objetivo claro y la disciplina de construir su futuro financiero. De hecho, si solo ahorras y no inviertes, tu dinero se va desvalorizando con el tiempo por culpa de la inflación.

En este capítulo aprenderás las bases para invertir sin miedo, sin complicaciones y sin caer en estafas o errores comunes. Porque el dinero guardado solo se conserva, pero el dinero invertido con inteligencia puede multiplicarse.

1. ¿Qué es invertir y por qué es importante?

Invertir es poner tu dinero en movimiento para que genere más dinero. En lugar de trabajar tú por dinero, dejas que el dinero trabaje por ti.

Ejemplos sencillos:

- Inviertes en una acción, y esta sube de valor.
- Pones tu dinero en un fondo que genera intereses.
- Compras un bien que luego alquilas o vendes con ganancia.

Importante: toda inversión tiene riesgo, pero también tiene potencial de crecimiento. Aprender y diversificar es clave.

2. Mitos comunes sobre invertir

- "Necesito mucho dinero para invertir" → Falso. Hoy puedes empezar desde $10 o menos, gracias a plataformas accesibles.
- "Es muy complicado" → Solo necesitas aprender lo básico y practicar.
- "Es muy arriesgado" → No invertir es aún más riesgoso si quieres libertad financiera.

3. Tipos de inversión para principiantes

Aquí tienes algunas opciones sencillas y accesibles:

a)

Cuentas de ahorro de alto rendimiento

- Ideal para guardar dinero con algo de interés.
- Bajo riesgo, pero rendimientos limitados.
- Mejor que tener el dinero quieto en una cuenta tradicional.

b)

Fondos de inversión

- Tu dinero se junta con el de otros para invertir en acciones, bonos, etc.
- Son gestionados por expertos.
- Puedes elegir el nivel de riesgo.

c)

Acciones

- Compras una pequeña parte de una empresa.
- Pueden subir o bajar de valor.
- A largo plazo, suelen ofrecer buenos retornos.

d)

Criptomonedas

- Muy volátiles, pero con alto potencial si sabes lo que haces.
- Nunca inviertas aquí sin antes estudiar.

e)

Negocios digitales

- Crear un ebook, curso online, canal de YouTube o blog que genere ingresos pasivos.
- Requiere tiempo más que dinero.

f)

Bienes raíces

- Comprar una propiedad para alquilar o vender.
- Requiere más capital, pero es una opción sólida a largo plazo.

4. Regla básica: empieza pequeño, pero empieza

No necesitas hacer grandes movimientos. La clave es la constancia y la educación. Puedes comenzar con pequeñas cantidades cada mes mientras aprendes.

Ejemplo:

Si inviertes $20 al mes en un fondo con 8% anual, al cabo de 10 años tendrás más de $3,500.

Si subes a $100 al mes, ¡serían más de $17,000!

5. Diversifica: no pongas todos tus huevos en una sola canasta

El error de muchos es apostarlo todo a una sola inversión. La clave de los expertos es diversificar: combinar diferentes tipos de inversiones para reducir el riesgo.

Tu portafolio podría tener:

- Un poco en fondos seguros
- Otro poco en acciones
- Algo en un negocio personal
- Y una parte en educación financiera

6. Edúcate antes de invertir

No inviertas en lo que no entiendes. Aprende lo básico de cada opción antes de poner dinero. Hay muchos cursos gratuitos, videos, libros y canales confiables que te enseñan lo necesario para empezar con seguridad.

Conclusión: invertir es un acto de amor propio

Invertir es elegir el futuro sobre la gratificación instantánea. Es confiar en ti, en tu capacidad de aprender y crecer. No se trata de volverte rico de la noche a la mañana, sino de construir libertad paso a paso.

Capítulo 8: Superando el miedo al fracaso financiero

Tu peor enemigo no es la falta de dinero, sino el miedo a moverlo

El miedo al fracaso es una de las principales razones por las que muchas personas no emprenden, no invierten, no cambian de empleo o no se arriesgan a mejorar su situación financiera. Quieren avanzar, pero algo los detiene: el temor a equivocarse, a perder, a no saber qué hacer si las cosas salen mal.

Este capítulo no es solo sobre números, sino sobre la mentalidad que necesitas cultivar para jugar el juego del dinero con confianza, inteligencia y coraje.

1. Entiende que el miedo es normal

No estás solo. Todos, incluso los grandes inversionistas o emprendedores, han sentido miedo. El miedo aparece cuando sales de tu zona de confort, y eso es bueno: significa que estás creciendo.

Lo importante no es no tener miedo, sino no dejar que te paralice.

2. Distingue entre miedo real y miedo mental

- Miedo real: Tienes una deuda impagable, no tienes un fondo de emergencia, estás al borde de perder tu casa.
- Miedo mental: "¿Y si pierdo mi dinero?" "¿Y si fracaso?" "¿Y si me critican?"

El miedo mental no se basa en hechos, sino en suposiciones. La mayoría de las veces, lo que temes no ocurre. Y si ocurre, suele ser menos grave de lo que imaginabas.

3. Aprende de los errores financieros (propios y ajenos)

Fracasar no te hace un fracasado. No aprender del error, sí.

Los errores son grandes maestros. Si invertiste mal, si te endeudaste, si gastaste de más… úsalo como experiencia, no como excusa para detenerte.

Hazte estas preguntas después de un tropiezo:

- ¿Qué aprendí?
- ¿Qué haré diferente la próxima vez?
- ¿Cómo puedo prevenir esto?

Transforma el error en sabiduría.

4. Rodéate de información, no de miedo colectivo

Muchos tienen miedo financiero porque solo escuchan malas noticias: crisis, inflación, estafas, deudas…

Pero cuando te rodeas de educación financiera, de historias reales de superación, de consejos prácticos, el miedo disminuye. El conocimiento empodera.

Lee libros, sigue creadores con experiencia, escucha podcasts que te inspiren a crecer, no a temer.

5. Toma decisiones con lógica, no solo con emoción

Antes de invertir, emprender o gastar, respóndete:

- ¿Qué riesgos reales hay?
- ¿Qué beneficio puedo obtener?
- ¿Puedo asumir esta pérdida si algo sale mal?

No se trata de ignorar el miedo, sino de analizarlo con cabeza fría.

6. Crea un entorno de apoyo

Habla con personas que también estén buscando mejorar su situación financiera. Compartir tus metas, dudas y avances te ayuda a mantenerte motivado y a ver que no estás solo en el proceso.

7. Visualiza el éxito, no solo el fracaso

Haz un ejercicio poderoso:

Imagina que todo te sale bien. ¿Cómo sería tu vida dentro de 5 años si tomas acción ahora?

¿Qué harías si supieras que no vas a fracasar?

A veces solo necesitamos creer un poco más en nosotros mismos para dar el siguiente paso.

Conclusión: el miedo se vence con acción

No necesitas tener todo claro para empezar, solo necesitas empezar. Cada paso que das, cada acción que tomas, reduce el miedo. Porque la valentía no es la ausencia de miedo, sino avanzar a pesar de él.

Capítulo 9: Mentalidad de riqueza: piensa como los que prosperan

El dinero empieza en la mente antes que en el bolsillo

No importa cuánto ganes, si no tienes la mentalidad adecuada, el dinero se te escapará. Y al revés: muchas personas comienzan desde cero, pero con una mentalidad fuerte, disciplinada y enfocada, logran construir verdadera riqueza.

Este capítulo te ayudará a reprogramar tu relación con el dinero, eliminar creencias limitantes y adoptar una forma de pensar que te acerque a la abundancia.

1. ¿Qué es una mentalidad de riqueza?

Es una forma de pensar que ve al dinero como una herramienta de crecimiento, libertad y propósito, no como un problema, una carga o algo sucio.

Una persona con mentalidad de riqueza:

- Busca aprender, no solo ganar.
- Invierte a largo plazo, no gasta por impulso.
- Ve oportunidades, no solo obstáculos.
- No envidia la riqueza ajena, la estudia e imita.

2. Detecta tus creencias limitantes sobre el dinero

Todos hemos crecido con frases que nos condicionan:

- "El dinero es malo"
- "Los ricos son egoístas"
- "Nunca voy a tener suficiente"
- "El dinero cambia a las personas"
- "No soy bueno con las finanzas"

Estas ideas se instalan en la mente y sabotean tus decisiones. El primer paso es detectarlas y cuestionarlas.

Ejercicio:

Haz una lista de lo que piensas o sientes cuando oyes la palabra "dinero". Luego pregúntate:

- ¿De dónde viene esta idea?
- ¿Es verdad absoluta o una experiencia aislada?
- ¿Me ayuda o me limita?

3. Cambia el diálogo interno

Reemplaza tus creencias limitantes por afirmaciones constructivas:

- "Soy capaz de aprender a manejar el dinero."
- "Merezco vivir con abundancia."
- "Puedo generar ingresos de manera honesta y creativa."
- "El dinero en buenas manos hace cosas buenas."

La forma en que te hablas a ti mismo influye directamente en tus resultados.

4. Aprende a pensar en términos de abundancia, no de escasez

La mentalidad de escasez dice:

- "No alcanza para todos."
- "Si él gana, yo pierdo."
- "Es muy difícil."

La mentalidad de abundancia responde:

- "Hay muchas formas de generar ingresos."
- "Si otros pueden, yo también."
- "Puedo aprender, mejorar y lograrlo."

Tus pensamientos crean tu realidad.

5. Rodéate de estímulos positivos y de personas con visión

Tu entorno influye más de lo que imaginas. Si estás rodeado de personas que siempre se quejan, gastan sin control o ven el dinero con miedo, terminarás imitando esos patrones.

Busca modelos de inspiración. Lee libros de emprendedores, escucha historias de superación financiera, únete a comunidades que hablen de riqueza, no de pobreza.

6. Sé paciente, disciplinado y constante

La riqueza no es un golpe de suerte, sino el resultado de acciones repetidas con propósito. Tener mentalidad de riqueza también implica:

- Posponer gratificaciones.
- Mantener el enfoque en el largo plazo.
- No rendirse cuando no se ven resultados inmediatos.

El tiempo es tu mejor aliado si sabes usarlo bien.

Conclusión: cambia tu mente y cambiarás tu vida financiera

Tus pensamientos crean tus emociones, tus emociones guían tus decisiones, y tus decisiones crean tus resultados. Si quieres mejorar tu situación económica, empieza por tu mente.

Recuerda: no es magia, es mentalidad.

Capítulo 10: Hábitos diarios para una vida financieramente exitosa

La riqueza se construye en la rutina, no en la suerte

Los millonarios y las personas financieramente estables no llegaron allí por accidente. La mayoría no ganó la lotería ni heredó fortunas. Lo que sí tienen en común son hábitos sólidos, consistentes y conscientes que les permiten tomar buenas decisiones, crecer con el tiempo y proteger lo que construyen.

Este capítulo te ayudará a formar una rutina financiera poderosa, fácil de seguir y adaptada a tu realidad actual.

1. Revisa tus finanzas diariamente (aunque sea por 5 minutos)

No necesitas hacer un balance completo cada día, pero sí es importante:

- Ver cuánto gastaste y en qué.
- Registrar ingresos o egresos.
- Revisar tu cuenta para estar al tanto.

Este hábito evita sorpresas, te da control y genera conciencia.

2. Usa una herramienta simple de control financiero

Puede ser:

- Una hoja de Excel
- Una libreta física
- Una app financiera como Fintonic, Wallet o Spendee

Lo importante no es el medio, sino crear el hábito de registrar, observar y ajustar.

3. Establece metas semanales y mensuales de dinero

Ejemplos:

- "Esta semana no gastaré más de X en comida fuera de casa."
- "Este mes ahorraré al menos el 10% de mis ingresos."
- "Voy a leer un libro sobre finanzas."
- "Quiero aumentar mis ingresos en $50 haciendo algo extra."

Las metas pequeñas se vuelven logros grandes con el tiempo.

4. Automatiza tus finanzas cuando puedas

- Ahorra automáticamente una parte de tu ingreso.
- Programa pagos para evitar recargos o intereses.
- Automatiza aportes a inversiones o fondos.

Esto evita decisiones impulsivas y te obliga a cumplir tus objetivos sin esfuerzo diario.

5. Lee o escucha algo útil cada día (15 minutos bastan)

Dedica un rato a:

- Leer un libro o artículo sobre finanzas.
- Escuchar un podcast de crecimiento personal.
- Ver un video sobre inversión o emprendimiento.

La educación constante cambia tu forma de pensar, y con eso, tu forma de actuar.

6. Evita las decisiones económicas impulsivas

Cuando tengas ganas de comprar algo que no necesitas, aplica la regla de las 24 horas:

- Espera un día antes de decidir.

- Pregúntate: ¿lo necesito o solo lo deseo?
- ¿Aporta valor real a mi vida?

Este solo hábito puede ahorrarte cientos al año.

7. Agradece lo que tienes y visualiza lo que deseas

La gratitud te mantiene en paz. La visualización te mantiene en movimiento.

Cada mañana o noche:

- Agradece por lo que has logrado, aunque sea poco.
- Imagina cómo será tu vida financiera ideal.
- Conecta con tu motivación: tu familia, tu libertad, tus sueños.

Esto fortalece tu compromiso diario con tu bienestar económico.

8. Sé constante, incluso cuando no veas resultados inmediatos

Los hábitos financieros, como los físicos o emocionales, toman tiempo en dar frutos. Pero si siembras hoy y cuidas la semilla cada día, la cosecha llegará.

No te desanimes si al principio parece lento. La constancia vence al talento.

Conclusión: tu futuro financiero se crea en tu día a día

No necesitas grandes ingresos para tener control, organización y visión. Solo necesitas compromiso con hábitos que te fortalezcan cada día.

Recuerda: los hábitos no solo mejoran tus finanzas, transforman tu vida.

Capítulo 11: Cómo manejar una crisis financiera sin perder el control

Las crisis no se evitan, se enfrentan con estrategia y cabeza fría

Las crisis financieras pueden aparecer en cualquier momento: pérdida de empleo, enfermedad, deudas inesperadas, inflación, recesión… Lo importante no es solo evitarlas, sino saber cómo reaccionar con inteligencia cuando ocurren.

Este capítulo te ofrece una guía clara para mantener la calma, tomar decisiones acertadas y salir fortalecido de los momentos difíciles.

1. Respira, no entres en pánico

La primera reacción natural ante una crisis suele ser el miedo. Pero actuar desde el pánico solo te lleva a:

- Tomar decisiones impulsivas
- Aumentar las deudas
- Bloquearte emocionalmente

Detente. Respira. Acepta la situación tal como es. Solo desde la claridad puedes ver soluciones.

2. Evalúa tu situación actual con honestidad

Haz un diagnóstico claro:

- ¿Cuánto debes y a quién?
- ¿Cuánto dinero tienes disponible?
- ¿Qué gastos puedes eliminar ya?
- ¿Qué ingresos siguen llegando, aunque sean pocos?

La información es poder. Saber exactamente dónde estás es el primer paso para salir.

3. Recorta todo gasto no esencial (sin culpa)

Esto incluye:

- Suscripciones que no usas
- Comidas fuera de casa
- Compras por impulso
- Servicios de lujo que pueden esperar

Recortar no es rendirse, es tomar el control. Hazlo con determinación, no con tristeza.

4. Comunica con quienes debes: negocia, no te escondas

Habla con tus acreedores, bancos, proveedores o personas a las que debas dinero. La mayoría está dispuesta a:

- Reestructurar pagos
- Darte prórrogas
- Ofrecer descuentos por pronto pago

El silencio solo empeora el problema. La comunicación abre puertas.

5. Genera ingresos alternos, aunque parezcan pequeños

Toda crisis es también una oportunidad para reinventarte. Considera:

- Vender cosas que no usas
- Ofrecer servicios según tus habilidades
- Buscar trabajos temporales o freelance
- Crear contenido o productos digitales

El dinero no solo viene de un sueldo. Hay muchas formas de empezar a moverte.

6. Usa tu fondo de emergencia con inteligencia (si lo tienes)

Si ahorraste para emergencias, este es el momento de usarlo. Pero con cuidado:

- Prioriza comida, vivienda, salud y transporte
- Evita malgastar por impulso
- Calcula cuánto tiempo puedes resistir con ese fondo

El fondo de emergencia está para darte tiempo y oxígeno. Úsalo como puente, no como excusa para quedarte quieto.

7. Mantente mental y emocionalmente fuerte

Durante una crisis financiera es común sentirse:

- Culpable
- Deprimido
- Desesperado
- Cansado mentalmente

Por eso es clave que cuides tu salud emocional:

- Habla con personas de confianza
- Practica la gratitud y la meditación
- Mantén rutinas que te den estructura
- Recuerda: esto también pasará

8. Aprende de la crisis: que no se repita igual

Cuando salgas (y vas a salir), pregúntate:

- ¿Qué señales ignoré?
- ¿Qué haré diferente para estar más preparado?
- ¿Cómo puedo ayudar a otros con lo que aprendí?

La mejor forma de vencer una crisis es convertirla en lección.

Conclusión: en toda crisis se esconde una oportunidad de transformación

Puede que la tormenta sea fuerte, pero también es una oportunidad para mejorar tu relación con el dinero, tus decisiones y tu mentalidad. No estás solo, y no estás derrotado.

Las crisis te quiebran o te forman. Tú eliges.

Capítulo 12: Haz que tu dinero trabaje para ti: introducción a las inversiones inteligentes

No se trata solo de cuánto ganas, sino de cómo haces crecer lo que ya tienes

Una vez que has aprendido a controlar tus finanzas, a salir de deudas y a desarrollar una mentalidad de riqueza, el siguiente paso es invertir. No necesitas ser millonario ni experto. Necesitas educación, paciencia y estrategia.

Este capítulo te dará una visión clara y sencilla de cómo empezar a invertir, sin miedo y con inteligencia.

1. ¿Qué significa realmente invertir?

Invertir es poner tu dinero en movimiento, con el objetivo de generar más dinero con el tiempo. A diferencia de ahorrar, donde guardas sin crecimiento, al invertir:

- Aumentas tu patrimonio
- Proteges tu dinero de la inflación
- Creas ingresos pasivos
- Te acercas a la libertad financiera

Invertir es el arte de usar tu dinero como trabajador, no como espectador.

2. El principio básico: riesgo vs. rentabilidad

Todas las inversiones tienen dos caras:

- Riesgo: la posibilidad de perder dinero
- Rentabilidad: la posibilidad de ganar dinero

Entre más alta la rentabilidad, mayor suele ser el riesgo. Por eso, tu primera tarea es conocer tu perfil:

- ¿Eres conservador? (prefieres seguridad)
- ¿Moderado? (buscas equilibrio)
- ¿Arriesgado? (buscas alto rendimiento a largo plazo)

3. Antes de invertir: cubre estas bases

Antes de poner tu dinero a trabajar, asegúrate de:

- Tener un fondo de emergencia cubierto (3 a 6 meses de gastos)
- No tener deudas de consumo activas
- Contar con ingresos estables o variables controlados
- Estar dispuesto a no tocar ese dinero por un tiempo

Invertir sin estas bases es como construir una casa sobre arena.

4. Opciones simples de inversión para principiantes

Aquí tienes formas accesibles de empezar:

a)

Cuentas de ahorro de alto rendimiento

- Rentabilidad baja, pero segura
- Sirven para metas a corto plazo

b)

Certificados de depósito (CDs o plazos fijos)

- Tienes que dejar tu dinero quieto por un tiempo

- Bajo riesgo y ganancia moderada

c)

Fondos indexados

- Inviertes en un grupo de acciones diversificadas (como el S&P 500)
- Bajo costo, buena rentabilidad histórica
- Recomendado para el largo plazo

d)

Criptomonedas (solo si estás informado)

- Alto riesgo y volatilidad
- No inviertas más de lo que puedas perder
- Aprende primero, invierte después

e)

Negocios digitales pequeños

- Venta de productos digitales, cursos, afiliados
- Requiere esfuerzo inicial, pero puede generar ingresos pasivos

5. La clave: invertir a largo plazo y con constancia

Los grandes resultados no vienen de una inversión puntual, sino de:

- Invertir una parte de tus ingresos cada mes
- Mantener el dinero invertido durante años, no semanas
- Evitar sacar dinero por emociones o noticias

La paciencia es la mejor estrategia financiera.

6. Evita estos errores comunes al empezar a invertir

- Invertir todo en una sola opción
- Creer en "ofertas milagrosas" o esquemas piramidales
- No entender dónde estás poniendo tu dinero
- Seguir consejos sin investigar
- Dejarte llevar por el miedo o la codicia

Invierte solo en lo que entiendas. Aprende primero, actúa después.

7. Educación continua: tu mejor inversión

El conocimiento es el activo más rentable. Aprende constantemente sobre:

- Finanzas personales
- Emprendimiento
- Mercados y economía básica

Lee libros, escucha podcasts, toma cursos, haz preguntas.

Invertir sin educación es apostar. Invertir con educación es construir.

Conclusión: tu libertad financiera empieza cuando el dinero trabaja por ti

Llegar a invertir es el paso que marca la diferencia entre trabajar por dinero y lograr que el dinero trabaje por ti. No se trata de hacerse rico de la noche a la mañana, sino de construir riqueza con inteligencia, calma y estrategia.

No necesitas mucho para comenzar. Solo necesitas comenzar.

Capítulo 13: Protege tu dinero: evita errores que te pueden costar caro

Construir riqueza es difícil. Perderla es fácil. Aprende a blindarte.

Muchos pierden todo lo que han logrado por no tomar decisiones conscientes o por caer en errores que parecen pequeños pero tienen grandes consecuencias. Este capítulo es tu escudo financiero. Te enseñará cómo evitar retrocesos innecesarios y fortalecer tu seguridad económica.

1. No pongas todo tu dinero en un solo lugar

Uno de los errores más comunes es no diversificar. Ya sea en inversiones, fuentes de ingreso o cuentas bancarias, debes evitar concentrar tu dinero en un solo sitio.

Diversificar es repartir el riesgo.

- Si una fuente falla, otra te sostiene.
- Si una inversión cae, otras la equilibran.

2. Aléjate de las estafas disfrazadas de oportunidades

Si te ofrecen:

- Ganancias garantizadas en poco tiempo
- Rentabilidades del 10% mensual o más
- Esquemas donde ganas por invitar a otros

Cuidado. Suena bien porque está diseñado para sonar bien.

Siempre investiga, desconfía y recuerda esta regla:

"Si suena demasiado bueno para ser verdad, probablemente lo es."

3. No firmes nada sin entenderlo por completo

Desde préstamos hasta inversiones o contratos de trabajo, nunca aceptes algo que no comprendes del todo. Pregunta, consulta, asesórate si es necesario.

Un error en una cláusula puede costarte años de esfuerzo.

4. Usa contraseñas seguras y protege tus datos financieros

En la era digital, tu información es dinero.

- Usa contraseñas complejas y únicas.
- Activa la verificación en dos pasos.
- No compartas tus datos bancarios ni claves con nadie.

Un descuido puede abrir la puerta a fraudes, robos o hackeos.

5. Ten un fondo de respaldo incluso cuando ya estés invirtiendo

Nunca pongas todo tu dinero disponible en inversiones.

Ten un fondo en efectivo o acceso rápido para:

- Emergencias médicas
- Pérdida de empleo
- Reparaciones imprevistas

Invertir sin tener un colchón es como andar sin frenos.

6. No vivas para aparentar: evita las "trampas del éxito"

A veces, al empezar a ganar más dinero, la tentación de gastar también aumenta.

- Autos nuevos innecesarios
- Compras por estatus
- Deudas por aparentar

La verdadera riqueza es silenciosa.

No te conviertas en esclavo del dinero solo por impresionar.

7. Revisa regularmente tus finanzas

Así como vas al médico a hacerte chequeos, tu salud financiera necesita revisiones:

- ¿Cómo están tus deudas?
- ¿Sigues cumpliendo tus metas de ahorro?

- ¿Tus inversiones están rindiendo como esperabas?

No cuidar lo que construyes puede hacer que lo pierdas sin darte cuenta.

8. Aprende de los errores, propios y ajenos

Todos cometemos errores financieros alguna vez. Lo importante es:
- Reconocerlos
- No repetirlos
- Compartir lo aprendido

También puedes aprender mucho viendo lo que otros hicieron mal y evitando esos caminos.

Conclusión: proteger tu dinero es proteger tu esfuerzo, tu tiempo y tu futuro

Cada peso que has ganado representa horas de trabajo, decisiones difíciles y sacrificios. Cuidarlo no es ser tacaño, es ser inteligente.

Evitar errores no solo te protege: te da tranquilidad y poder.

Capítulo 14: Tu plan financiero personal: paso a paso para una vida próspera y estable

Un sueño sin plan es solo una ilusión. Un plan bien ejecutado es poder.

No necesitas ser un experto en finanzas para tener control de tu vida económica. Solo necesitas un sistema sencillo y claro que puedas aplicar, seguir y adaptar con el tiempo.

Este capítulo te ofrece una hoja de ruta para diseñar tu propio plan financiero personal, sin complicaciones.

Paso 1: Define tus metas financieras claras y alcanzables

Primero debes saber por qué y para qué quieres mejorar tu situación financiera.

Ejemplos:

- Salir de deudas en 12 meses
- Ahorrar $1,000 para una emergencia
- Viajar el próximo año sin endeudarte
- Comprar una casa en 5 años

- Invertir para generar ingresos pasivos

No trabajes por dinero sin dirección. Dale propósito.

Paso 2: Conoce tus números: ingresos y gastos reales

Haz un diagnóstico de tu situación actual:

- ¿Cuánto ganas al mes (neto)?
- ¿Cuánto gastas y en qué lo gastas?
- ¿Qué porcentaje puedes ahorrar o invertir?

Hazlo por escrito. Usa papel, una app o una hoja de cálculo.

Ver tus números te da poder para cambiarlos.

Paso 3: Crea un presupuesto mensual flexible

El presupuesto es tu brújula. No debe ser rígido, pero sí claro.

Una fórmula básica:

- 50% necesidades básicas (vivienda, comida, transporte)
- 30% deseos y estilo de vida
- 20% ahorro e inversión

Ajusta según tu realidad, pero siempre incluye ahorro.

Paso 4: Establece un fondo de emergencia

Tu prioridad número uno es tener un fondo para imprevistos.

Meta inicial: $500 a $1,000

Meta ideal: 3 a 6 meses de tus gastos esenciales

Guárdalo en una cuenta segura y de fácil acceso. Te dará paz mental.

Paso 5: Elimina deudas malas de forma estratégica

Haz una lista de todas tus deudas:

- Monto total
- Tasa de interés
- Pago mínimo

Aplica uno de estos métodos:

- Bola de nieve: paga primero la deuda más pequeña (motivación rápida)

- Avalancha: paga primero la de mayor interés (ahorras más dinero)

Mientras pagas deudas, evita nuevas. Hazlo un objetivo sagrado.

Paso 6: Automatiza tu ahorro e inversión

Haz que tu sistema trabaje sin depender de tu fuerza de voluntad:

- Programa transferencias automáticas a cuentas de ahorro
- Automatiza aportes a fondos de inversión o retiro
- Usa apps que redondeen compras y ahorren la diferencia

Si lo haces automático, lo harás constante.

Paso 7: Revisa y ajusta tu plan cada mes

La vida cambia, tus metas también. Cada mes:

- Evalúa si cumpliste tu presupuesto
- Ajusta lo que no funcionó
- Celebra tus avances (aunque sean pequeños)
- Aprende de tus errores sin culparte

Tu plan es un ser vivo: respira, cambia y mejora contigo.

Paso 8: Incluye metas de largo plazo

Además de lo inmediato, sueña en grande:

- ¿Qué quieres dentro de 5, 10 o 20 años?
- ¿Quieres independencia financiera? ¿Jubilarte temprano? ¿Dejar una herencia?

Una vida próspera no se construye en meses, pero sí comienza con decisiones diarias.

Conclusión: tu plan financiero es tu mapa hacia una vida con propósito, paz y prosperidad

No hay éxito financiero sin intención, disciplina y constancia.

Hoy es el mejor día para comenzar, aunque no sea perfecto.

Tener un plan te da libertad. Seguirlo te da resultados.

Capítulo 15: Reflexiones finales y claves para mantener el rumbo financiero toda la vida

El verdadero juego del dinero no es solo ganarlo, sino dominarlo y vivir con propósito.

Este libro no solo fue una guía práctica, fue una invitación a cambiar tu mentalidad, tus hábitos y tu relación con el dinero. Si llegaste hasta aquí, es porque estás listo para tomar el control de tu vida financiera.

Este último capítulo te dejará con claves, recordatorios e inspiración para que nunca olvides por qué comenzaste ni hacia dónde vas.

1. El dinero no es un fin, es una herramienta

El dinero en sí mismo no te hará feliz. Pero sí puede darte:

- Seguridad
- Libertad de elegir
- Tiempo con quienes amas
- Oportunidades para crecer y servir

El dinero bien gestionado mejora tu vida. El mal uso del dinero puede destruirla.

2. Todo empieza con tu mentalidad

Las personas ricas no solo piensan diferente: actúan diferente.

Recuerda siempre:

- La riqueza no es solo dinero, es mentalidad
- No eres víctima de tus circunstancias: puedes cambiarlas
- Cada decisión cuenta, por pequeña que parezca

Lo que crees sobre el dinero determina lo que haces con él.

3. No necesitas ser perfecto, solo constante

Muchos abandonan su camino financiero porque cometen errores o se frustran. Pero el éxito no viene de la perfección, sino de la persistencia.

- Te puedes desviar, pero vuelve.
- Puedes fallar, pero sigue aprendiendo.
- Puedes caer, pero te puedes levantar más fuerte.

El juego del dinero lo ganan los que no se rinden.

4. Rodéate de personas que eleven tu visión

Si estás rodeado de personas negativas, derrochadoras o sin metas, será difícil avanzar. Busca o crea entornos donde se valore:

- La educación financiera
- El ahorro, la inversión y el crecimiento personal
- El apoyo mutuo

Las personas correctas potencian tus resultados.

5. Invierte en ti: siempre será tu mejor activo

Tu mente, tu salud, tus habilidades, tu energía: todo eso genera riqueza.

- Aprende constantemente
- Cuida tu cuerpo y tu bienestar mental
- Mejora tus talentos
- Aprende a generar valor

La persona que eres determina el dinero que puedes atraer y mantener.

6. La libertad financiera es un viaje, no un destino

No hay una línea de meta definitiva. Siempre podrás:

- Crecer más
- Vivir mejor
- Dar más

Tu misión es progresar cada día, vivir con intención y usar el dinero como un aliado para cumplir tus sueños, no como un amo que te controla.

7. Nunca es tarde para empezar

No importa tu edad, tus errores pasados o tu situación actual.

El momento de comenzar es ahora.

No te compares. No te detengas. No te subestimes.

Conclusión final: tú tienes el poder de transformar tu realidad

A lo largo de este libro aprendiste que el dinero no se trata solo de números. Se trata de:

- Decisiones
- Emociones
- Hábitos
- Visión

- Acción

Ya no eres el mismo que empezó este libro. Tienes nuevas herramientas, una nueva mentalidad y un mapa para construir la vida que mereces.

Juega bien. Juega con inteligencia. Y nunca dejes de avanzar.

Porque el verdadero ganador en el juego del dinero…

es quien aprende a prosperar con propósito.

Introducción

Vivimos en un mundo donde el dinero parece ser el centro de todo. Desde las decisiones más simples hasta los sueños más grandes, el dinero está presente. Sin embargo, pocas personas aprenden realmente a jugar bien el juego del dinero. Muchos trabajan duro toda su vida, pero siguen atrapados en deudas, estrés financiero y falta de libertad.

Este libro nació de una idea sencilla pero poderosa:

todos podemos aprender a ganar, administrar y multiplicar el dinero de forma inteligente, sin importar de dónde vengamos o cuál sea nuestra situación actual.

No necesitas ser economista, tener un título universitario o haber nacido en una familia rica. Lo que necesitas es educación financiera práctica, una mentalidad fuerte y estrategias claras que puedas aplicar en tu día a día.

Aquí no encontrarás fórmulas mágicas ni promesas vacías.

Encontrarás:

- Ideas reales para mejorar tu economía personal
- Pasos concretos para salir de deudas y construir riqueza

- Consejos para proteger tu dinero y hacerlo crecer
- Estrategias para vivir con propósito, no solo para sobrevivir

Este libro es para ti si:

- Estás cansado de vivir al límite cada mes
- Quieres dejar de trabajar solo por necesidad y empezar a hacerlo por elección
- Tienes sueños que requieren estabilidad económica
- Estás decidido a cambiar tu realidad financiera, de una vez por todas

El juego del dinero no lo gana quien más gana, sino quien mejor juega.

Y tú puedes aprender a jugar mejor, a partir de hoy.

Cada capítulo ha sido diseñado para ser claro, directo y útil. Lo puedes leer de corrido o ir aplicando cada sección a tu ritmo. Lo importante es que pongas en práctica lo que aprendas.

Este no es solo un libro para leer, es un manual para transformar tu vida.

Bienvenido al juego del dinero.

Prepárate para jugarlo con inteligencia, estrategia… y ganar.